PARIS — IMPRIMERIE ALCAN-LÉVY

61, RUE LAFAYETTE

DÉDICACE

Cher Allan Kardec, vous, le grand initiateur contemporain à notre doctrine, acceptez la dédicace de cette petite brochure. C'est à votre mémoire que nous rendons hommage par cette publication, où toutes vos idées sont contenues.

Puisse Dieu nous prêter son assistance, afin de faire pénétrer dans tous les cœurs les principes que vous avez si noblement expliqués et défendus pendant votre dernier passage terrestre.

Espérons que ce petit travail, né de l'amour et de la charité fraternels, fera germer la vérité dans le cœur de tous ceux qui le liront sans parti pris.

G. D. C. J.

PROPAGANDE

DE

L'UNION SPIRITE

FRANÇAISE

———

CONSOLATIONS

A vous qui souffrez des peines du cœur ; à vous qui travaillez aux durs labeurs ; à vous qui n'avez plus le soutien de la famille ; à vous qui avez perdu la douce compagne de votre vie ; à vous dont le berceau vide rappelle sans cesse l'ange envolé emportant avec lui la joie et le bonheur du foyer ; à vous enfin dont le cœur est torturé de douleurs inavouées et poutant si poignantes, j'apporte cet écrit en vous disant : Lisez.

Lisez sans idées préconçues, sans parti-pris, sans arrière-pensée. Fouillez dans ce petit livre, vous y trouverez d'immenses consolations et la vraie voie ouverte aux aspirations de votre âme. Vous serez comme bien d'autres qui l'ont déja trouvée et la trouvent chaque jour.

Cette voie bénie et si consolante n'est pas nouvelle : c'est la doctrine du Christ dans toute sa pureté, dans son

1.

essence. Aimer Dieu, notre père au-dessus de tout ; aimer, secourir, protéger, consoler tous nos frères sans esprit de parti, sans distinction de culte, de position sociale, de fortune.

Pourquoi le doute, — ce trouble de l'âme qui ronge la foi, — est-il entré dans l'esprit des hommes ? C'est que ceux qui doivent diriger notre intelligence vers les clartés sublimes révélées par la mission du Christ, ont dénaturé, et dénaturent encore, ses principes fondamentaux. Jésus, Esprit pur envoyé par Dieu sur la terre pour instruire les hommes de ses lois divines, y est venu en personnifiant notre humanité. Il s'est incarné dans la classe pauvre, chez des travailleurs, enseignant toujours la loi d'amour et de pardon, sans jamais faire d'exception dans la grande famille humaine. Jésus pour instruire ne s'est point vêtu de pourpre et d'hermine. Jésus a chassé les vendeurs du Temple ; fils et ministre du Créateur, il nous a gratuitement et fidèlement transmis ses lois et ses volontés bénies.

Jésus n'a jamais dit : « Parmi les enfants de mon Père, telle secte ou telle autre n'entrera pas dans le royaume du ciel. » Du temps de Jésus, ses apôtres l'aidaient à servir la foule qui le suivait. C'est avec elle qu'il a partagé les pains d'orge et les poissons. C'est sur une ânesse qu'il a fait son entrée à Jérusalem, et c'est par cette route si humble qu'il est arrivé au Golgotha.

Si, à son entrée dans notre humanité, un Roi l'a fait chercher pour le faire mourir, c'est qu'il pressentait que cet enfant serait un grand prophète, apportant avec lui sur notre pauvre planète les fondements des lois d'amour, de fraternité et de liberté universelles.

A la fin de son apostolat parmi nous, un prêtre l'a

condamné et un magistrat pusillanime jusqu'à la lâcheté, l'a livré à la foule aveuglée.

Lisez ces paroles gravées sur l'airain que l'on a conservées à Caserte, dans la province de Naples.

Sentence prononcée par Ponce Pilate, gouverneur de la basse Galilée, condamnant Jésus de Nazareth à la mort par la croix.

« La dix-septième année du règne de l'empereur Tibère, et le vingt-cinquième jour du mois de mars, dans la très sainte cité de Jérusalem, Anne et Caïphe étant pontifes, Ponce Pilate, gouverneur de la province de basse Galilée, siégeant pour juger dans son siège, et présidant en son prétoire, a condamné Jésus de Nazareth à mourir sur une croix entre deux voleurs ; attendu que les nombreux et notoires témoignages du peuple prouvent :

« 1° Que Jésus est un imposteur ;

« 2° Qu'il a excité le peuple à la sédition ;

« 3° Qu'il est ennemi des lois ;

« 4° Qu il se dit fils de Dieu ;

« 5° Qu'il prétend être roi d'Israël ;

« 6° Qu'il s'est rendu au Temple, suivi de la foule, des palmes dans les mains.

« Ordre au premier centurion Quirilius Cornélius de le conduire au lieu d'exécution ; défense à toute personne de mettre obstacle à l'exécution de Jésus.

« Ont signé l'arrêt contre Jésus :

« Daniel Robani, pharisien ;

« Jochanan Zorobabel ;

« Raphael Robani ;

« Capret ;

« Jésus sortira par la porte de tournée. »

O Christ, notre frère, fils comme nous d'un Dieu unique père de la grande humanité, ne nous abandonne pas, et plus que jamais jette ce cri d'amour et de prière : « Mon Père, pardonnez-leur, car ils ne savent ce qu'ils font. » A tous, sans exception, Jésus avait donné ses instructions ; pour tous, il a imploré le pardon.

Voilà notre modèle, le Spiritisme est sa doctrine. Les dogmes catholiques disent: « Hors de l'Eglise, pas de salut. » On n'a pas réfléchi, en proclamant cette maxime hautaine, que le globe terrestre qui compte douze cents millions neuf cent mille habitants, n'a que trois cent trente millions de catholiques. Est-il possible que Dieu ait créé tant d'âmes pour les damner ? Votre doctrine, Messieurs, exclurait d'abord du paradis les trois quarts de l'humanité ; quant au quart qui reste, il n'est même pas sûr d'atteindre au bonheur, puisque les huit dizièmes sont précipités pour toujours dans les gouffres insondables de l'Enfer où ils subissent des tortures atroces, sans espoir de pardon.

Une telle croyance a engendré le scepticisme, car elle est contraire à la bonté et à la justice du Créateur ; de là sont nés la libre-pensée et le matérialisme, qui nous envahissent, et, par une singulière aberration, vous ne vous apercevez pas que les anathèmes que vous lancez du haut de la chaire sont les semences qui font germer et croître l'erreur en représentant le Dieu de miséricorde comme un père sans entrailles.

Qu'est devenu l'esprit évangélique qui poussait le grand missionnaire à travers le monde ? Hélas ! il a disparu avec la simplicité des premiers âges chrétiens, et vos maximes d'aujourd'hui se résument dans cette phrase : « Hors de l'Eglise, point de salut ; » tandis que

Jésus vous répond avec le spiritisme : « Hors de la CHA-
RITÉ, pas de salut. »

Le Christ n'a pas dit que pour adorer notre Père
céleste, pour le prier, nous devions, comme vous le
faites, nous vêtir de fines broderies, de dentelles et
d'ornements, dont le prix d'un seul nourrirait pendant
longtemps une pauvre famille. Dieu qui donne indis-
tinctement à tous la lumière de son brillant soleil, n'a
nul besoin de vos multitudes de cierges, et bientôt le
jour viendra où seront réalisées ces grandes paroles : « Mon
père ne sera plus seleument adoré dans le Temple, mais
partout en Esprit et en Vérité. »

En quelles circonstances nous enseignez-vous la morale
du Christ ? Vous qui vous érigez en dispensateurs des
grâces célestes, vous ne craignez pas de mettre vos
prières à l'encan ; vous les vendez en les proportionnant
avec parcimonie à l'argent dont on peut disposer. Le
riche qui paie largement est certain d'être accompagné
avec pompe à sa dernière demeure, alors que le pauvre
qui laisse sa famille sans soutien, est enfoui en quelque
sorte furtivement, après qu'un prêtre, venu en mau-
gréant, a prononcé d'un ton maussade la dernière formule. Chose inouïe à dire, et pourtant véritable, pour
l'entretien de ces mises en scène, la fabrique, cet écono-
mat de l'autel, viendra présenter à cette famille, désor-
mais sans soutien, le prix de la malheureuse conduite
faite à son cher disparu !

Vous dominez les âmes faibles en les effrayant, et vous
anathématisez ceux qui, par l'étude, par une foi vive et
éclairée, s'affranchissent de vos dogmes terrorisateurs.
Vous ne pratiquez même entre vous, ni la charité, ni la
solidarité, car, si pour être agréable à Dieu, il était néces-

saire de bâtir des palais et de se couvrir d'or, quel serait le sort de vos frères misérables, les curés de campagne, dont l'église ressemble à l'étable de Bethléem ?

Continuateurs de la doctrine du Christ, vous l'avez amoindrie et faussée, et voilà que de tous côtés les grandes voix de l'espace viennent prêcher une morale plus haute, viennent donner un enseignement qui nous remplit d'espérance et de foi. Ce n'est plus sur une partie infime de la terre, comme la Judée, qu'a lieu cette révélation, c'est sur tous les points du globe terrestre que s'élèvent des millions d'initiateurs. De tous côtés les hommes se précipitent vers la sublime doctrine qui leur rappelle qu'ils sont véritablement frères et que la loi du Créateur de l'Univers, est amour et solidarité.

Dieu, dans son immense bonté, ne pouvait nous laisser toujours sous la domination de la terreur et du doute. Grâce aux communications de nos chers désincarnés, nous savons pourquoi nous sommes et où nous allons. Le clergé d'une part, les matérialistes de l'autre, auront beau crier les uns, anathème, les autres, folie, ils ne feront pas que ce qui EST ne SOIT. Ils n'empêcheront pas que le spiritisme, véritable doctrine du Christ, ne fraie sa route à travers l'erreur, en moralisant les peuples sans autres armes que les paroles du sublime modèle: Amour, charité, fraternité.

Vous avez beau vous récrier, esprits forts ou systématiques, le spiritisme s'implante dans taus les esprits parce que le temps de la croyance aveugle est passé. Sa consolante doctrine s'implante dans tous les cœurs, car elle nous prouve que nos chers disparus peuvent encore nous conseiller, nous instruire, nous protéger, et que leur amour ne s'est pas éteint dans la tombe. Ce Dieu que vous nous montriez cruel et vengeur, nous apparaît comme un père tendre et miséricordieux qui pardonne à toutes, vous entendez, à toutes ses créatures.

La Doctrine spirite grandira et s'affermira parce qu'elle est rationnelle et qu'elle ne laisse point de place au doute ; elle explique tout ce qui, dans les autres religions, laisse errer la pensée sans pouvoir trouver la solution pratique.

Le Spirite sincère ne peut être désespéré par aucune catastrophe d'ici-bas. Il sait que la mort de ceux qui lui sont chers n'est qu'une séparation momentanée, et que lorsque l'heure sonnera pour lui de retourner dans le monde des Esprits, ses parents et ses amis seront là pour le recevoir et lui faciliter son changement d'état. Il sait qu'il ne paraîtra pas devant un Dieu entouré d'éclairs et de tonnerres, mais que la voix de sa conscience et son état moral lui montreront la route à suivre pour s'élever vers des mondes meilleurs, et l'incarnation comme le seul moyen de racheter ses fautes.

Le Spirite sincère supporte vaillament les épreuves terrestres ; il sait d'où elles viennent et ce qu'elles lui rapportent. Il sait que notre passage sur la terre est déterminé par les fautes que nous avons commises antérieurement, et que toutes les souffrances que nous y supportons nous font avancer vers le but pour lequel Dieu nous a créés : le bonheur parfait.

Qu'il y a loin des enseignements du Christ à ceux que nous donnent des dogmes arrangés par les hommes, deux siècles après la mort du grand missionnaire. Ces dogmes prétendent que Jésus est venu pour effacer la tache originelle. Est-il admissible que Dieu, essence de la suprême justice, ait rendu toute l'humanité responsable de la désobéissance de deux de ses créatures, en supposant qu'Adam et Ève aient existé, ce qui est formellement démenti par la science.

La doctrine spirite enseigne, au contraire que nul n'est responsable des fautes d'autrui. Nous savons que nous avons été créés simples et ignorants, pourvus de toutes les facultés qui doivent, en se développant, nous amener au bonheur parfait. Mais nous savons aussi que rien ne se fait brusquement dans la nature, que c'est par une transformation lente que l'esprit s'assimile insensiblement toutes les sciences et toutes les vertus. De même qu'un écolier doit passer par toutes les classes avant de savoir entièrement ce que l'on enseigne dans son école, de même l'homme revient un grand nombre de fois sur la terre et se perfectionne à chacun de ces passages. Combien cette manière de voir est plus juste, plus raisonnable que celle de l'Eglise catholique, et surtout, plus en harmonie avec la grandeur de celui qui a organisé l'univers suivant des lois immuables.

Le spiritisme attire notre intelligence par la grandeur des conceptions qu'il ouvre à nos regards éblouis ; il nous fait comprendre le but du Créateur dans les merveilles de sa création même, et nous découvrons sa volonté par l'étude attentive des manifestations des Esprits. La loi suprême, c'est l'amour et la fraternité qui nous sont recommandés comme les seuls moyens de parvenir à Dieu.

La vie, sur notre terre, est l'expiation de nos existences précédentes, ai-je dit plus haut, et ceci est si vrai que, quelles que soient les apparences, personne n'est heureux. Je n'entrerai pas pour le prouver dans de détail des souffrances physiques et morales qui nos assiègent, car il n'est pas un être humain, ici-bas, qui ne sache que ce qu'on appelle le bonheur n'est qu'illusion, et souvent ceux que l'on considère comme heureux se débarrassent de la vie, ainsi que d'un lourd fardeau.

Le spiritisme répand un baume salutaire sur toutes nos souffrances, il les explique et nous aide à les supporter par ce mot : expiation. La vie avec toutes ses douleurs, voilà le châtiment, et s'il n'est pas le seul, c'est un des plus grands. C'est donc à nous de faire tous nos efforts pour abréger le nombre de nos séjours ici-bas, et nous ne pouvons le faire qu'en suivant les renseignements du Christ, c'est-à-dire en mettant en pratique la loyauté dans nos rapports avec nos semblables, la pureté et l'abnégation dans la vie domestique, en servant Dieu, notre père, avec toute la force dont notre esprit est capable. Rappelons-nous sans cesse que l'œil vigilant du Créateur scrute nos consciences ; efforçons-nous de nous dépouiller de nos imperfections et surtout de l'égoïsme, cette plaie du monde moderne. N'oublions jamais que nous sommes des membres de la grande famille humaine, que l'intelligence, l'instruction, la fortune, doivent être entre nos mains les puissants leviers qui nous aideront à soulager, à agrandir, à améliorer la position sociale et intellectuelle de nos frères.

Ah ! chers frères bien-aimés, qui semblez aujourd'hui les déshérités et que l'égoïsme social pousse à douter de l'impartialité du Créateur, étudiez et approfondissez la consolante doctrine du spiritisme. Elle vous apprendra pourquoi vous ne faites pas partie, cette fois, des riches et des puissants de la terre.

Lorsque vous saurez que ces inégalités sont méritées et temporaires, oh ! alors, vous n'aurez ni haine, ni regrets.

Et vous qui possédez les biens de la terre, n'oubliez pas que vous pouviez naître comme le Nazaréen ; n'oubliez pas qu'il y a des enfants sans langes, des familles sans abri, des foyers sans feu. Visitez vos frères, soutenez leur courage, tendez-leur une main secourable, non comme à des pauvres auxquels on fait l'aumône, mais comme à des frères moins heureux, vous souvenant toujours que nous sommes *réellement* les enfants du même père ; aidez et aimez, sans vous préoccuper de ce qu'ils font ou de ce qu'ils pensent, agissant en cela comme le Maître suprême qui verse les rayons de l'astre bienfaisant sur toutes les créatures, sans en exclure aucune.

Méditez et pratiquez la doctrine spirite, vous que la Société a établis chefs de ces phalanges d'ouvriers qui aident à l'agrandissement de votre fortune et à la renommée de votre maison. Que vos vues soient larges ; faites de tous ces travailleurs vos frères ; soyez leur ami avant d'être leur patron ; que l'amour et la solidarité vous lient, afin de montrer que le Spiritisme n'est pas un vain mot, et qu'il apporte avec lui la solution de la question sociale.

COMMENT SE FAIT UNE EXPÉRIENCE SPIRITE

Depuis 1852, époque où les tables tournantes firent invasion en Europe, on a beaucoup parlé des esprits frappeurs et du spiritisme, mais le plus souvent pour se moquer de ses adeptes et ridiculiser leurs pratiques.

Lorsque vous voudrez savoir réellement si l'âme est immortelle, il ne sera pas nécessaire de vous plonger dans l'étude des innombrables volumes philosophiques qui ont scruté cette question. Vous n'aurez pas besoin non plus d'aller vous endormir en écoutant les homélies de monsieur le curé, il vous suffira de suivre les quelques règles que je vais vous indiquer.

Vous vous réunissez le soir autour d'une table quelconque et vous posez les mains sur le plateau, en observant le silence. Autant que possible, il est bon de vous assurer que, parmi vous, il ne se trouve aucun mauvais plaisant qui soit capable de vous mystifier en soulevant le meuble avec ses genoux. Lorsque vous avez pris les précautions nécessaires pour que personne ne puisse influencer, d'une manière matérielle, les résultats de l'expérience, vous attendez que la table se meuve.

Il peut se produire différents phénomènes. Tantôt on entend de légères détonations dans la table, ces bruits ressemblent à de petits coups frappés avec le doigt, mais on les entend sortir de l'intérieur du bois et leur son mat indique qu'ils se produisent d'une manière anormale. D'autres fois, au contraire, on n'entend rien, mais la table, animée de mouvements de va et vient, finit par se soulever sur un ou plusieurs pieds.

Lorsque ces mouvements se produisent, on demande à la force qui fait mouvoir le meuble de bien vouloir répondre aux questions qu'on lui fera, et pour faciliter cette conversation, on est convenu de procéder de la manière suivante. Lorsque la table veut répondre oui, elle frappe une fois ; pour répondre non, deux coups ; ensuite, pour dicter un message, il suffit qu'une des personnes présentes récite à haute voix l'alphabet, et la table frappe un coup sur la première lettre qui commence le mot qu'elle veut dicter. Cette première lettre obtenue, on recommence l'alphabet jusqu'à ce que le meuble frappe une seconde fois, on obtient ainsi la seconde lettre, et l'on continue de la même manière jusqu'à ce qu'on ait obtenu le mot ou la phrase qu'on désire.

On reçoit de cette manière des dictées qui sont, le plus souvent, d'un grand intérêt. M. Eugène Nus a publié un volume intitulé : *Choses de l'autre monde*, dans lequel il cite des définitions en douze mots obtenues par ce procédé, qui sont de véritables chefs-d'œuvre de concision.

Lorsque la table s'agite, il est bon de lui poser certaines questions. On peut demander quelle est la force qui fait mouvoir le meuble, et si elle a un nom. Le plus souvent on sait ainsi que la force qui se manifeste est l'âme d'une personne défunte qu'on a connue sur la terre.

C'est en procédant ainsi, et en renouvelant un grand nombre de fois cette expérience, que les Spirites sont arrivés à se convaincre que les âmes des morts peuvent se communiquer.

Mais, dira-t-on, s'il est si facile d'entrer en communication avec les morts, pourquoi n'est-ce que depuis une trentaine d'années que ces moyens sont connus? Les Esprits, puisqu'ils existent, auraient dû se communiquer depuis le commencement du monde.

La réponse est aisée, car les Esprits se sont toujours communiqués aux hommes. Il est facile de s'en assurer en lisant les auteurs anciens. Moïse défend aux Hébreux *de faire parler le bois*, Tertullien raconte que les Romains avaient souvent recours à l'évocation des morts, et un grand nombre d'écrivains relatent les différentes cérémonies qu'employaient les sorciers pour entrer en rapport avec Satan. Malheureusement toutes les croyances étaient traitées de folies ou de crimes par les prêtres et, pendant le moyen âge, on brûla et martyrisa de pauvres diables qui n'étaient coupables que du crime d'évoquer de mauvais Esprits, les prenant pour l'Ange du Mal.

Aujourd'hui, grâce aux révélations d'outre-tombe et aux progrès accomplis par la raison humaine, nous savons que Satan n'existe pas ; que Dieu n'a jamais créé des âmes destinées éternellement au mal et que l'Enfer, ce dogme monstrueux, n'a jamais eu de réalité. Aussi nous étudions avec confiance les enseignements des Esprits, sachant bien qu'ils n'ont aucun intérêt à nous tromper.

Lorsqu'un Esprit vient donner son nom par la table, il ne faut pas craindre de lui demander l'âge qu'il avait au moment de sa mort, ce qu'il faisait pendant sa vie, en un mot, il faut s'assurer que c'est bien l'âme d'une personne qui a vécu sur la terre. C'est en suivant cette marche sage qu'on évite d'être mystifié, car il existe dans l'espace, comme dans notre monde, des Esprits farceurs qui prennent plaisir à nous tromper. Il ne faut pas oublier, en effet, que le monde spirituel n'est que le reflet du nôtre. On y rencontre des âmes instruites et des âmes ignorantes, des bons et des méchants. Lorsqu'un homme meurt, il arrive dans l'espace avec le bagage intellectuel qu'il s'est acquis sur la terre, il possède là toutes ses vertus et tous ses vices. Ce serait une grave erreur de se figurer que la mort suffit pour donner à l'âme la connaissance de toutes choses.

Un être humain qui meurt ici se réveille dans l'autre vie. Il lui semble qu'il sort d'un profond sommeil et, de même que nous sommes le lendemain les mêmes êtres que la veille, l'esprit ne change pas parce qu'il a dépouillé l'enveloppe terrestre. Le corps n'est qu'un vêtement grossier que l'on quitte lorsqu'il est usé, et dans l'espace nous avons un corps incorruptible que les Spirites appellent *périsprit* (1).

Il résulte de ceci qu'il ne faut pas poser aux Esprits certaines questions d'ordre purement matériel, car sur ce domaine, ils sont la plupart du temps aussi ignorants que nous. J'ai souvent entendu demander des choses futiles ou ayant un but intéressé, et, dans ce cas, les réponses n'avaient pas lieu, où elles étaient faites par des Esprits d'un ordre inférieur qui voulaient se moquer des évocateurs.

Si l'on a bien compris ce que j'ai dit plus haut, les Esprits sont des intelligences qui n'aiment pas plus que sur la terre à ce qu'on n'ait pour eux aucun égard. Il n'est personne qui aille, de gaieté de cœur, dans une société pour y servir de plastron à toutes les plaisanteries. On conçoit donc que les réunions spirites doivent être sérieuses, et que le moyen de réussir c'est d'y apporter beaucoup de recueillement. Il ne faut pas oublier que les Esprits sont toujours libres de répondre ou non, à notre appel. Ils voient nos pensées, et suivant que nous les appelons avec le ferme désir de connaître la vérité, ou seulement pour satisfaire une vaine curiosité, il viennent à nous, ou ne se manifestent pas. C'est donc une grossière illusion de croire qu'il suffit de se placer autour d'un guéridon, et d'appeler les âmes des grands

---

(1) Pour plus de développements sur ce sujet, voir le livre de M. Gabriel Delanne : *Le Spiritisme devant la science*. Dentu éditeur.

hommes, pour que ceux-ci soient obligés de venir répondre à une demi-douzaine de badauds.

On doit soigneusement se mettre en garde contre les communications signées de noms pompeux, comme Jésus, Alexandre, Newton, etc. Dans la majeure partie des cas, on doit n'ajouter aucune confiance à ces manifestations, non pas que ces Esprits ne puissent aussi venir, mais parce qu'ils ne sont pas à la disposition de quiconque essaie curieusement de faire tourner une table. Dans notre monde, les grands hommes ne sont pas non plus obligés de se tenir à la merci du premier venu, ils choisissent leur société et leur amis, et rien n'est venu nous démontrer qu'ils n'agissent pas de même après leur mort.

Vous qui évoquez les Esprits, attachez-vous de préférence à appeler les âmes de vos parents et amis défunts. Demandez-leur de vous instruire sur leur nouvelle vie, de vous conseiller et de vous soutenir dans celle-ci ; vous aurez là des consolations immenses en voyant que l'être que vous pleuriez, qui vous semblait disparu pour toujours, veille sans cesse à vos côtés et qu'il peut vous voir et vous entendre comme de son vivant. Ne gémissez plus, mères éplorées sur l'ange envolé, et vous, pauvres veuves, sur le cher disparu, sachez que vos larmes attristent ceux que vous aimiez tant, et qu'ils seraient heureux de sentir un rayon d'espérance luire dans vos pauvres cœurs meurtris.

C'est par la divine consolation qu'il procure que le Spiritisme est une sublime doctrine, il met aux mains de tous les moyens de se convaincre que la vie terrestre n'est qu'un moment, et que cette vallée de larmes franchie, l'âme rayonnera dans le monde spirituel !

Il faut avoir une grande patience dans les investigations. Souvent on peut rester une demi-heure sans qu'aucun mouvement se manifeste, et tout-à-coup la table se met à s'agiter. D'autres fois, on ne constate aucun mouvement, quel que soit le temps que l'on consacre à cette étude. La raison de cet état de choses est que les rapports entre les vivants et les morts, dépendent d'une foule de circonstances, physiques et morales, qui ne se trouvent pas toujours réunies. Dans ce cas, il vaut mieux remettre à une autre occasion les expériences. En général, une prière mentale faite par les assistants, aide beaucoup au phénomène ; non pas une de ces formules banales que l'on marmotte du haut des lèvres, mais un élan de l'âme vers le Créateur, une demande sincère à l'auteur de toutes choses, un appel affectueux au cher mort qu'on évoque. Les coups frappés, soit dans l'intérieur du meuble, soit par les pieds de la table, ne sont pas les seuls effets physiques que l'on péut provoquer. Lorsque, parmi les opérateurs, se trouve un MÉDIUM, c'est-à-dire une personn capable de servir d'intermédiaire aux Esprits, on peut essayer le scellement de la table. Pour l'obtenir, on prie l'esprit de bien vouloir fixer le meuble au sol, de manière qu'il soit impossible de l'enlever. Ceci arrive ordinairement au bout d'une dizaine de minutes, et alors, il est tout à fait impossible de lever la table. Quelle que soit la force qu'on y mette, elle semble rivée au plancher, puis, en très peu de temps, la table redevient mobile comme d'habitude.

On a pu obtenir aussi l'ascension de la table, c'est-à-dire que le meuble quitte complètement le sol et flotte en l'air. C'est un phénomène de cet ordre qui a rendu spirite l'académicien Babinet.

Les deux derniers faits sont moins communs que les

communications, néanmoins il est toujours bon d'essayer de les produire, afin de se rendre compte qu'il y a bien en jeu une force assez considérable et tout à fait indépendante des personnes présentes. Lorsqu'on établit les premières conversatious avec les morts, il ne manqua pas d'incrédules qui prétendirent expliquer tous ces phénomènes sans avoir recours aux Esprits. On dit d'abord que le mouvement était produit par le fluide magnétique de tous les assistants, concentré dans la table. Jusque là, rien d'impossible à ce que la chose soit vraie, mais ensuite, il n'est pas facile d'expliquer comment ce fluide répond d'une manière intelligente aux questions qu'on lui pose. Les mêmes négateurs dirent alors que les réponses n'étaient que le reflet des pensées des opérateurs. Ceci est tout à fait faux, car si nous sommes dix autour d'une table et que l'un des dix interroge, suivant la question, les neuf autres penseront des choses différentes, la table devrait donc donner ces neuf réponses, ordinairement contradictoires. Or, on constate, au contraire, qu'il n'y a souvent qu'une réponse bien nette et à laquelle personne ne songeait.

Voici à ce sujet une petite anecdote racontée par M. d'Assier :

« A la fin d'une séance où l'on avait fait parler la table sur divers sujets, un des assistants s'écria : « Une dernière question pour clore la soirée : qu'elle nous dise combien il y a d'oreilles dans la salle. » On pose la demande, et le guéridon de frapper seize coups. Les assistants se comptent et ne se trouvent que sept : « Tu te trompes, lui dit-on, recommence et compte mieux. » Le pied se lève de nouveau et répète le même nombre de coups. On se compte une seconde fois, et l'on s'assure qu'il n'y a que sept personnes dans la salle : « Tu fais encore erreur ; recommence. »

« Le nombre marqué par le guéridon était toujours seize ; chacun de se demander quelle peut être la cause de ce désaccord. On se perd en conjecture sur ce fait étrange, et l'on commence à douter de l'intelligence du mystérieux inspirateur lorsqu'un des assistants s'écrie : « C'est le guéridon qui a dit vrai. Nous avons oublié de compter le chat qui dort au coin du feu. » Tous les regards se portent aussitôt vers le foyer, et l'on aperçoit un matou dont les deux oreilles complètent le chiffre marqué. »

Cette petite histoire montre qu'il faut souvent bien réfléchir avant de rejeter comme erronées les réponses données par la table.

Des expériences minutieuses et scientifiques ont été faites par un grand nombre de savants des plus illustres, L'Angleterre marche à la tête de ce grand courant scientifique avec M. William Crookes, membre de la Société royale de Londres et inventeur du radiomètre ; c'est lui qui a écrit ces paroles : « *Je ne dis pas que cela est possible, je dis que cela est.* » Ensuite viennent : M. Alfred Russel Wallace, le plus grand naturaliste à l'heure actuelle, M, Warley, ingénieur en chef des lignes télégraphiques de l'Angleterre, inventeur du condensateur électrique. M. de Morgan, président de la Société mathématique de Londres, M. Oxon, professeur à l'Université d'Oxford, etc.

Ce qui montre, jusqu'à l'évidence, que le phénomène des tables tournantes n'est pas dû à l'illusion, c'est que, en dehors des illustres savants cités plus haut, la Société dialectique de Londres a nommé une commission de trente-trois membres, chargée d'étudier les faits spirites.

Après une enquête qui a duré dix-huit mois, ces Messieurs ont conclu en faveur des Spirites (1).

En Amérique, on peut citer les noms célèbres dans les sciences, de Robert Hare et du professeur Mapes.

En présence des témoignages d'autant d'hommes de valeur, l'étude attentive s'impose, et il est désirable que chacun expérimente cette manière d'entrer en relation avec les êtres qui n'existent plus corporellement.

La table n'est pas le seul moyen de communiquer avec les Esprits, souvent ceux-ci manifestent leur présence par des apparitions qui ne permettent pas le doute; mais le plus souvent, ils emploient l'écriture mécanique. Voici en quoi consiste cette médiumnité.

Certaines personnes sont capables de remplir des pages entières sans se douter de ce qu'elles écrivent. Elles n'ont qu'à prendre une plume ou un crayon et à poser naturellement leur main sur le papier pour qu'immédiatement, elles ressentent une influence qui guide leur main en leur faisant tracer des caractères. Dans ce genre d'évocation, il faut beaucoup de recueillement et renouveler un grand nombre de fois l'expérience. Pendant les premiers temps, on ne trace souvent que des lignes droites, puis petit à petit on forme quelques lettres et enfin on finit par écrire couramment. Ce qui prouve bien que ce n'est pas le médium qui écrit, c'est qu'on peut lui causer pendant qu'il obtient la communication et qu'il répond aussi librement que d'habitude à toutes les questions.

D'autres fois, le phénomène ne se présente pas de cette

Voir : *Recherches sur le Spiritualisme, par William Crookes* et le *Spiritisme devant la Science,* par M. G. Delanne.

manière : au lieu que la main soit saisie, le médium entend à son oreille les phrases qu'il doit transcrire, c'est absolument comme s'il écrivait sous la dictée d'un être incarné. Enfin, il peut se produire une troisième espèce de manifestation : les pensées de l'Esprit sont suggérées dans le cerveau, et l'on doit les écrire au fur et à mesure qu'elles se présentent. Il faut soigneusement distinguer ce qui vient de l'âme du médium, avec ce qui est ainsi inspiré ; mais ceci est souvent facile, car si l'Esprit exprime des idées en dehors des connaissances du médium, il sera bien évident que ce n'est pas ce dernier qui écrit. De cette manière, on obtient assez souvent des preuves que les êtres qui n'existent plus matériellement revivent néanmoins sous une forme spirituelle.

Les personnes désireuses de s'initier plus profondément dans la science spirite trouveront tous les renseignements complémentaires dans les ouvrages publiés par Allan Kardec : Le *Livre des Esprits* et le *Livre des Médiums*.

Pour me résumer, je dirai que pour évoquer les morts il faut beaucoup de recueillement et que la prière est d'un grand secours. De plus, on ne doit poser aux Esprits que des questions qui n'ont aucun rapport avec les affaires matérielles ; plus les évocateurs seront sérieux et recueillis, plus les instructions données ainsi seront grandes et consolantes.

Enfin, vous qui servez d'intermédiaires entre les hommes et ceux qui ne sont plus, n'abusez jamais de vos facultés jusqu'à en faire un métier, restez toujours désintéressés, afin de montrer aux incrédules que vos intentions sont pures et que vous ne battez pas monnaie avec vos convictions. Et vous qui désirez vous instruire, fuyez ces

endroits où, moyennant finance, on vous mettra en rapport avec des Esprits ; car le plus souvent, ces entrepre-
neurs de Spiritisme ne sont que des malheureux que la
cupidité et la paresse ont poussé à exploiter ce qu'il y a
de plus saint au monde : l'âme des morts.

LA PHILOSOPHIE SPIRITE

Les Esprits nous enseignent que la nature est formée
de trois grands principes : Dieu, l'Esprit et la Matière.

Par le mot Dieu, nous entendons la cause première
initiale de tout ce qui existe, c'est par lui que nous expli-
quons la création et les lois qui la régissent. Il est inutile
de chercher à définir sa nature, car il est infini ; or, si intel-
ligents que nous soyons, nous ne pouvons comprendre
l'infini puisque nos facultés sont bornées.

Donc, à priori, nous devons rejeter comme prématurée
toute étude tendant à définir l'Etre suprême ; cependant
il ne nous est pas défendu de chercher à découvrir ses
attributs, et surtout à mettre en lumière les preuves de
son existence.

L'âme est le second principe intelligent de l'univers,
c'est elle qui anime la matière par sa combinaison avec
ce troisième élément, et c'est par leur incessant contact
que l'Esprit acquiert peu à peu les connaissances qui doivent l'amener, dans la suite des temps, à connaître toute
chose. Mais avant d'arriver à cet état parfait, ou du
moins à cette perfection relative, car la perfection absolue

c’est Dieu, le principe intelligent est forcé de passer par des phases successives que nous appelons incarnations.

Non seulement elles ont lieu sur cette terre, mais encore sur tous les mondes qui peuplent l’espace infini. La vie existe donc immense, indéfinissable dans ses transformations; elle se manifeste indépendamment du temps et de l’espace, et dans l’éternité des âges. Chaque individualité intelligente évolue graduellement, depuis l’infiniment petit jusqu’à la perfection, sous l’œil paternel de Dieu.

La matière, qui est le troisième principe, n’étant pas douée de sensibilité, ne peut conséquemment encourir ni peine ni récompense; elle suit un cycle immense de transformations qui, la faisant passer de sa nature première, qui est l’état cosmique, jusqu’à l’état d’extrême division, qui est sa forme actuelle, la ramènera, une fois son rôle accompli, dans sa position initiale pour recommencer une autre série de transformations, après avoir récupéré les qualités qu’elle avait perdues dans son évolution.

Occupons-nous maintenant, plus spécialement, de cette période où l’esprit est de passage sur la terre. Nous devons nous demander pourquoi il s’y trouve, quel est le but auquel il doit atteindre. Nos guides consultés nous ont répondu que notre séjour ici-bas était essentiellement transitoire; que nous pouvions, par la pratique de la vertu, acquérir les qualités nécessaires pour mériter de monter plus haut; ils nous ont fait comprendre que les mondes supérieurs que nous devons habiter un jour sont déjà parvenus à un degré de perfection plus grand que le nôtre, et que, par conséquent, tous nos efforts doivent tendre à dégager nos âmes de ces sentiments vils et bas qui nous attachent à la terre.

Pour fixer en nous les vertus indispensables à notre

avancement, il est malheureusement nécessaire de vivre un grand nombre de fois sur notre globe. De même qu'à chaque affinage le métal perd successivement les scories qui en altéraient la pureté, de même à chaque incarnation l'âme de l'homme se dépouille des vices et des passions qui la souillaient; puis, après un temps plus ou moins long, suivant la volonté de l'Esprit, elle arrive à conquérir la somme de vertus suffisante à son avancement.

Une remarque à faire, c'est que le principe intelligent humain a toujours la liberté. Malgré le déterminisme, nous croyons que le libre arbitre est le plus beau fleuron de notre couronne; c'est par lui que nous sommes méritants, de même que c'est par lui que nous pouvons être retardés dans la voie du bien. Toutefois, pour qu'il y ait responsabilité, il faut que ce libre arbitre existe pleinement; il ne peut donc y avoir aucune fatalité; les doctrines matérialistes qui prétendent que l'homme tend vers l'automatisme et qui, logiquement, nient la liberté, sont absolument dans le faux. Si nous ne possédions la certitude de notre liberté, nous ne serions que des machines irresponsables, et qui plus est, nous aurions cette horrible destinée d'être conscients du mal que nous produirions, sans pouvoir y remédier.

La nécessité de revenir sur la terre, que nous avons reconnue plus haut indispensable, est elle-même subordonnée, en partie, à la liberté de l'Esprit; c'est-à-dire que celui-ci peut à volonté retarder le moment de l'épreuve; mais tôt ou tard, il en comprendra l'utilité et s'y soumettra de lui-même. Cette conception de la vie de l'esprit donne la raison des états si divers, à tous les points de vue, que nous remarquons chez les hommes.

Les facultés intellectuelles, les positions sociales s'expliquent par l'obligation pour chaque âme d'acquérir les connaissances inhérentes à toute situation terrestre. Ainsi, il est certaines vertus, telles que l'amour du travail et l'empire sur les sens, qui ne s'achètent que par les sacrifices que nous faisons pendant nos incarnations.

Il en est de même pour les qualités morales, puisqu'il nous est imposé de dominer la matière et de vaincre les passions dont elle est cause. Nous avons appelé cette nécessité : la loi de réincarnation. Par elle, nous concevons mieux l'harmonie générale des âmes : la solidarité. En effet, en venant un grand nombre de fois sur la terre, nous contractons des alliances avec les autres âmes, par les liens de la famille, qui développent en nous le sentiment si noble de la fraternité.

La terre que nous habitons est donc considérée par les Esprits, non comme un lieu d'épreuve et de punition, mais comme une des étapes indispensables à l'avancement de l'Esprit. Nous sommes actuellement semblables à ces écoliers paresseux qui gémissent d'être obligés d'apprendre des sciences abstraites, arides, et qui plus tard béniront leurs parents de leur avoir ouvert l'esprit par la sublime étude de l'univers.

Lorsque nous aurons vaincu tous les obstacles, nous remercierons Dieu de nous les avoir suscités, puisqu'ils auront été la cause de notre bonheur futur, en étendant nos connaissances. Qui n'a senti se dilater son cœur lorsque, par une belle matinée de printemps, il a contemplé le lever du soleil ? Quelles tendres et douces émotions éveille en nous le tableau grandiose de l'astre du jour émergeant peu à peu au-dessus des brumes qui voilaient l'horizon, appelant à la vie cette terre qui semblait morte pendant son absence. Mais que sont ces images terrestres à côté des sublimes spectacles de l'univers? Quelle plume rendra l'indicible majesté de ces sphères gigantesques tourbillonnant dans l'éther et mariant leurs irradiations splendides dans les vastes champs de l'étendue! Devant de telles scènes, nos âmes tressailleront d'amour pour l'éternel Auteur de tant de merveilles.

Résumons en quelques mots l'évolution spirituelle de l'âme. Au-dessus de tout ce qui est, Dieu subsiste par lui-même. Sa volonté crée sans cesse des êtres et chacun d'eux, dès sa naissance, commence à progresser en se soumettant aux lois éternelles qui président à tout ce qui existe. Tout âme, d'abord à l'état de germe, s'éveille lentement. Elle évolue petit à petit en s'élevant sans cesse du simple au composé ; elle acquiert insensiblement les qualités afférentes à chacun des degrés qu'elle parcourt ; souvent elle s'arrête dans sa marche, soit que lassée momentanément des efforts à faire, elle se laisse gagner par l'apathie, soit que nonchalante, elle ne comprenne pas que le bonheur couronnera ses efforts, mais jamais elle ne retombe. Ce qu'elle a conquis, elle le conserve éternellement, et Dieu dans sa bonté infinie a décrété que les vertus acquises sont à jamais incrustées dans l'être. Nulle déchéance n'est donc possible ; elle ne saurait exister sans être incompatible avec la justice immuable du Tout-Puissant.

Si des êtres sont mauvais, pervers, c'est qu'ils n'ont point encore dépouillé les infirmités que leur impose leur origine. Le principe intelligent, pour devenir conscient, a dû subir une élaboration dans les formes inférieures dont il a gardé des traces ; semblables à des hommes contractant des fièvres pestilentielles dans leur passage à travers des marais, et guérissant au contact de l'air pur, les esprits se vicient momentanément à leur naissance, puis perdent insensiblement ces ferments mauvais à mesure qu'ils s'élèvent vers le soleil de la vérité.

Nous ne sommes donc pas des êtres déchus, nous ascensionnons sans cesse, au contraire, vers la perfection; ceux de nos frères qui, sur la terre, sont encore sujets au mal sont simplement des êtres moins avancés dans la vie spirituelle, ou qui ont, par leur libre arbitre, arrêté leur marche sur l'échelle sans fin.

Nous ne sommes encore que des enfants; à peine avons nous appris à balbutier les premières pages du livre de la vie; ne nous étonnons donc point d'avancer à tâtons parmi les sentiers ardus qui mènent à la lumière.

Telles sont, dans leurs grandes lignes, les enseignements des Esprits; comme on le voit, ils ne manquent ni de grandeur ni de majesté. L'être suprême n'est plus un Dieu cruel, vindicatif et méchant, dont les enfants sont condamnés éternellement pour une faute d'un moment, il nous apparaît comme l'expression la plus parfaite de la bonté et de la justice, puisque constamment il nous laisse le pouvoir d'arriver jusqu'à lui. Ces conceptions grandioses ne sont pas les seules qui charment dans l'étude de la philosophie spirite. Il est des aspects moins sublimes mais aussi consolants.

En donnant la preuve de l'existence de l'âme, cette doctrine adoucit la douleur que cause la perte des êtres tendrement chéris qui disparaissent à tout moment de la scène du monde; elle nous affirme leur survivance, et nous pouvons de nouveau les sentir palpiter autour de nous; nous pouvons voir parfois leur visage aimé, converser avec eux, et nous convaincre que l'éternelle nuit du sépulcre ne pèse que sur d'inertes dépouilles.

Nous nous affranchissons, par cette croyance bénie, de la terreur de la mort; le grand PEUT-ÊTRE de Montaigne n'étend plus ses ailes sceptiques sur le chevet des mourants; la certitude a remplacé dans nos âmes les horreurs du doute, et c'est avec un indicible bonheur que nous voyons s'approcher le moment de retourner dans l'éternelle patrie.

Oui, pour toujours sont écartées les sinistres appréhensions du matérialisme; au lieu d'être seulement une masse de chairs dévorées par les vers, nous sommes une individualité immortelle! Le corps n'est plus qu'une dépouille que l'on quitte comme un vêtement usé, pour s'élancer radieux dans l'immensité, joyeux d'être délivré de la prison terrestre.

Que ces quelques lignes ne semblent pas le résultat d'une exaltation irraisonnée, mais qu'on y constate la joie que procure la preuve que ceux que nous croyons perdus pour toujours existent réellement. Nous savons aujourd'hui qu'ils sont là, autour de nous, qu'ils nous soutiennent de toutes leurs forces, qu'ils nous aident dans les épreuves de la vie, et qu'au moment de secouer les poussières terrestres, ils viendront nous recevoir, et non seulement ceux que nous avons connus dans notre dernière existence, mais encore tous ceux avec lesquels nous avons parcouru les étapes antérieures. N'est-ce pas la plus douce et la plus consolante certidude ?

Le Spiritisme, au point de vue moral, produit les plus grands effets. Il ne saurait en être autrement, car l'homme convaincu de son immortalité, persuadé que le but de son passage sur la terre est d'arriver à se rendre maître de ses passions, s'applique à éviter les occasions de mal faire; il sait que chaque faute commise volontairement est un retard à son avancement spirituel, et s'il n'a plus la crainte des châtiments éternels, il sait néanmoins qu'il devra revenir ici-bas, pour y souffrir, jusqu'à ce qu'il ait vaincu à jamais la matière.

Combien d'êtres abîmés dans la douleur ont achevé leur triste existence par le suicide et qui en auraient été détournés par l'intime conviction qu'au delà de la mort leurs souffrances ne seraient pas terminées, qu'ils s'exposaient à subir les mêmes épreuves, dans des conditions plus terribles peut-être.

Les conséquences du Spiritisme sont immenses, car si tout le monde était pénétré de ses vérités, on verrait l'humanité s'améliorer et marcher à grands pas vers le bien; il en résulterait une plus grande harmonie entre les hommes, et peu à peu s'établirait cette fraternité qui n'a été jusqu'ici qu'un vain mot.

Il existe à notre époque trop de préjugés sociaux pour croire qu'ils se fondront sous l'influence égalitaire de la loi. C'est un sentiment qui doit reposer sur la solide base de la communauté d'origine et de destinée. Il faut prouver à la noblesse que ses seize quartiers ne sont que des distinctions illusoires; que l'ouvrier qui peine pour gagner son pain est leur frère, au même titre que leur frère corporel, qu'eux-mêmes ont pu, dans d'autres incarnations être ces prolétaires qu'ils dédaignent aujourd'hui. Il faut faire comprendre aussi aux ouvriers que souvent leur position précaire est due à l'abus qu'ils ont fait autrefois des richesses; qu'ils ont pu être jadis puissants et respectés, et que c'est pour avoir mésusé de ces pouvoirs qu'ils en sentent aujourd'hui si cruellement le défaut.

Persuadons les capitalistes et les agioteurs qu'il arrivera un moment où ils devront endurer la misère qu'ils sèment sur leur passage. Ils auront à racheter par de pénibles incarnations les fugitives satisfactions de la cupidité. Le jour où ces idées se propageront, où tous : nobles, bourgeois, ouvriers, seront convaincus que leurs positions sont essentiellement transitoires, et que tour à tour ils parcoureront ces différents états, alors seulement les âpres luttes de l'égoïme trouveront une fin. Que l'on ne traite pas ces idées d'utopies, car elles sont le seul remède contre les passions brutales qui se déchaînent de tous côtés : en haut dureté et mépris, en bas haine et convoitise.

Nous assistons à cette bataille des intérêts qui ne peut cesser qu'avec la foi nouvelle ; elle est le résultat des théories matérialistes qui, enlevant à l'homme la certitude de sa vie future, le rejettent avec violence dans la satisfaction des plus basses passions.

Certes, dès que notre doctrine bénie fera entendre ses enseignements d'amour et de charité, l'heure de la délivrance sonnera pour nos frères terrestres, la république sera véritablement, suivant une belle parole de nos guides : « la formule du règne de Dieu sur la terre. »

Le Spiritisme ne s'adresse qu'à la raison : aucune considération sentimentale ne vient détruire la force de ses arguments ; la fraternité est plus qu'un devoir, c'est un droit pour tous. Notre philosophie amène la réforme de la Société par celle de l'homme, elle lui montre son intérêt qui est de faire le bien, non pour en être récompensé, mais parce que c'est la seule manière de sortir de l'ornière des passions, et des désastreuses conséquences qu'elles entraînent.

Nous faisons donc appel à tous les chercheurs, nous les convions à l'étude de cette science nouvelle dont les expériences sont si curieuses et à l'examen de nos théories philosophiques qui satisfont aux plus hautes aspirations de l'âme humaine.

Nous les conjurons de ne pas nous repousser sans examen, convaincus que nous sommes, que s'ils veulent se donner la peine de regarder, la lumière luira pour eux comme elle a brillé à nos yeux.

REMARQUE

Ce petit ouvrage, tiré à 6,000 exemplaires, est offert gratuitement à tous ceux qui le liront. Si, parmi eux, il s'en trouve qui jugent qu'il peut faire du bien, je les prie d'envoyer ce qu'ils voudront, afin de le faire rééditer à autant d'exemplaires que possible (1).

D'ores et déjà, je puis affirmer que l'auteur n'en fait pas une affaire commerciale, que tous les exemplaires ont été donnés, et que son plus grand regret est de ne pouvoir en distribuer autant de millions qu'il y en a de mille d'imprimés.

G. D. C. J.

(1) Les souscriptions, pour la réédition, seront reçues par M. Gabriel Delanne, 36 et 38, rue Dalayrac, Paris.